AF253550

MAISON DE SAINTE-MARGUERITE

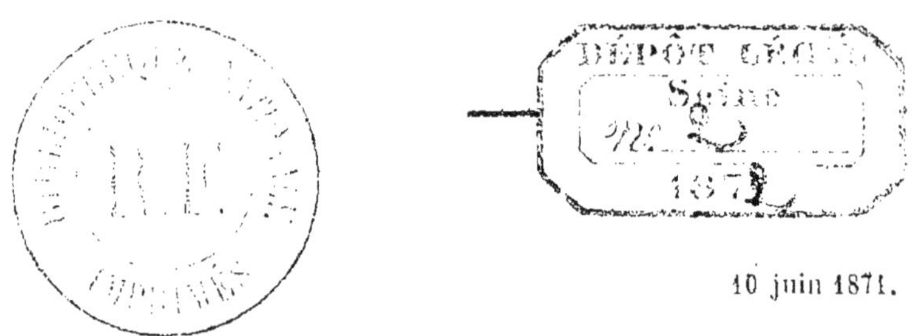

10 juin 1871.

Le mercredi, 28 septembre 1870, les Sœurs de la paroisse
Sainte-Marguerite recevaient du secrétaire de la mairie du
XIe arrondissement l'ordre de rouvrir leurs écoles le lundi,
3 octobre. Comme tout le matériel des classes avait été en‑
levé pour faire place à une ambulance qu'on n'avait pas
établie, elles s'empressèrent de le faire réemménager à leurs
frais, sur la promesse, aussi flatteuse qu'illusoire, que cela
leur serait remboursé plus tard. L'ouvrage était presque
terminé, lorsque le samedi 1er octobre, au moment où les
Sœurs sortaient de la Messe que M. le Curé faisait dire chez
elles, afin qu'elles n'eussent pas à traverser la foule qui at‑
tendait déjà pour le fourneau, la femme de service vint leur
dire qu'il y avait à l'extérieur, sur la porte de la maison,
une affiche que tout le monde lisait, et sur laquelle il était
dit que désormais les écoles communales devaient être reti‑
rées aux Frères et aux Sœurs. Grand émoi, bien entendu !
les unes se désolent, les autres refusent de croire. Enfin,
la Sœur servante décide qu'il faut se procurer la teneur de
cette affiche, afin de la soumettre aux Supérieurs, et de sa‑
voir quel parti prendre. On a recours à un voisin dont le

dévouement est connu. Au bout d'un instant, il revient apportant le précieux document qu'il avait copié au coin d'une rue, et qui était ainsi conçu :

La municipalité du XI° arrondissement a décidé à l'unanimité que désormais l'enseignement primaire sera purement laïque, etc., etc.

Cette pièce a été si souvent reproduite par les journaux, qu'il est inutile de la répéter ici. Elle était signée par seize noms appartenant à seize individus plus obscurs les uns que les autres, et qui de leur propre mouvement s'étaient attribué le droit de mettre les Frères et les Sœurs à la porte, sans même se donner la peine de le leur annoncer autrement que par une affiche posée de nuit! On se demandait s'il fallait se soumettre à une pareille injustice; mais comment y résister? D'ailleurs, la réponse de notre Mère fut qu'il ne fallait opposer aucune résistance. On tâcha donc de se résigner; mais la journée fut triste, elle se passa dans l'attente et dans l'anxiété, car on ne savait pas s'il ne faudrait pas quitter la maison. Cependant, le fourneau marchait son train, la foule assiégeait la maison, et le service se faisait comme à l'ordinaire; plusieurs Sœurs des malades sortirent même pour aller les visiter, et le soir arriva sans apporter rien de nouveau. Le dimanche matin, les enfants se présentèrent pour la Messe, on osa les y conduire une dernière fois; mais le lundi matin, à six heures, une vingtaine de gardes nationaux armés se présentèrent conduits par un caporal. Ils étaient porteurs d'un mandat ainsi conçu :

Ordre est donné à un caporal et à ses hommes d'empêcher la rentrée à l'école de la rue Saint-Bernard, 33. Respect aux personnes !

Ces hommes prirent l'asile pour corps-de-garde, et s'établirent à la porte de l'école, qui est heureusement fort éloignée de celle de la maison de secours. Ils passèrent héroïquement leur journée à écarter les rares enfants qui, ignorantes de ce qui se passait, se présentèrent pour venir à l'école :

— Que demandes-tu ? leur disait-on brusquement. — Monsieur, je demande les Sœurs, je viens à la classe. — Il n'y a plus de Sœurs, Dieu merci! les Sœurs sont des sottes, qui te disent des bêtises ; tu reviendras dans quelques jours et tu trouveras des Citoyennes qui t'apprendront à vivre!

Les pauvres enfants s'en allaient tout effrayées, et leurs fiers vainqueurs restaient enchantés d'eux-mêmes, après ces grands exploits. Cependant, vers quatre heures du soir, ils commencèrent à se trouver un peu sots d'être restés si long-temps pour empêcher une chose que personne ne tentait de faire. Évidemment, ils auraient désiré que les Sœurs vinssent par là, pour motiver au moins quelque répression. Une petite orpheline étant venue à passer, ils coururent après elle en lui disant : — Que font donc les Sœurs? Si elles ont quelque chose à faire par ici, elles peuvent bien venir, on ne les mangera pas. — L'enfant répondit que les Sœurs étaient occupées au fourneau, et que le service n'était pas fini. Enfin, vers les cinq heures, ils n'y tinrent plus ; ils voulaient s'en aller, et ne savaient comment faire. L'un d'eux prit le parti de s'aventurer dans la maison, et, apercevant une Sœur, il lui dit : — Ma Sœur, où est donc la Supérieure? je voudrais lui parler. — Elle est occupée, Monsieur; que lui voulez-vous? — Je voudrais lui deman-der si nous pourrions nous retirer. — Mais cela ne la regarde pas, elle n'a pas besoin de vous ; ceux qui vous ont envoyés ont dû vous dire juqu'à quand vous deviez rester. — Nous devions rester tant qu'il y aurait à faire, mais nous voyons que personne ne vient, et nous pensons que nous pourrions nous retirer. — Quand il vous plaira; cependant, je pense que vous n'êtes pas très-fatigués, vous n'avez pas eu une besogne bien rude. — C'est vrai, ma Sœur, c'était bien ce que nous désirions. — On est plus tranquille ici qu'aux remparts, n'est-ce pas? — Oh! sans doute! mais que voulez-vous? nous faisons ce qu'on nous fait faire, et si vous voulez nous envoyer le concierge pour fermer la porte, nous nous en irons volontiers. — Qu'à cela ne tienne, nous allons vous l'envoyer. — Merci bien, ma Sœur. — Là-dessus on se sépare; les gardes nationaux se retirent, les portes se ferment, et les Sœurs restent maîtresses du champ de bataille. Le plus pressé était d'aller voir ce que ces braves citoyens avaient fait à l'asile, d'où l'on avait préalablement retiré les objets de piété, à l'exception du Christ, qui était trop élevé, et qu'on n'avait pu atteindre. Les malheureux! ils avaient déjà commis la première profanation qui, hélas! devait être suivie de tant d'autres! Et à qui l'avaient-ils adressée? A Celle dont la dévotion est si chère au cœur de toute Fille de la Charité : à Marie Immaculée, notre bonne et tendre Mère. Ils avaient écrit au-dessus de son autel, qu'ils avaient parfaitement reconnu : *Plus d'immaculée Conception!* et à sa place ils avaient barbouillé avec du charbon une sorte de déesse surmontée de cette inscription : *Vive la liberté!*

Afin d'user un peu de cette liberté, on effaça soigneusement tout ce barbouillage; mais chacune se retira la mort dans l'âme! — O Marie! se disait-on, ces lieux n'avaient jusque-là retenti que de vos louanges, et qui sait quels hideux blasphèmes viennent d'y être proférés! Recevez comme expiation la douleur qui nous envahit et les souffrances qui certainement vont devenir notre partage.

Les jours suivants furent la reproduction fidèle de ce premier jour. Les gardes nationaux vinrent chaque matin perdre quelques heures à l'avantage de messieurs les Prussiens, et cela dura jusqu'au 11 octobre. Ce jour-là, la Sœur de la grande classe, voulant laisser en ordre les fournitures classiques, était occupée à les arranger dans les armoires du préau, lorsque l'enfant de l'ouvroir, qui lui aidait, vint lui dire : — Ma Sœur, il y a une espèce de monsieur qui arpente le fond du préau. — C'est un garde national, sans doute; ce n'est pas bien étonnant, puisqu'ils font l'exercice ici depuis un mois, et que, de plus, il y en a qui montent la garde. — Non, ma Sœur, ce n'est pas un garde national; mais, tenez, le voilà qui vient.

La Sœur, qui était montée sur une chaise, entend en effet des pas qui se rapprochent, mais elle ne se retourne pas. Alors, elle entend une voix qui dit : — Belle école, vraiment! belle école! magnifique préau! — Pas de réponse, l'arrangement de l'armoire se continue avec un redoublement de férveur, et la Sœur dit à l'enfant : — Ou je me trompe fort, ou nos remplaçantes ne sont pas loin. — Si je les tenais, répond la jeune fille en bousculant une liasse de cahiers, elles passeraient un mauvais quart d'heure. — Làdessus les pas reviennent et l'on recommence : — Oh! oui, c'est une belle école! n'est-ce pas, ma Sœur? — Comme vous voyez, monsieur. — Le ton de voix de la Sœur, qui naturellement n'est pas très-flexible, n'avait sans doute rien de fort engageant, car on ne répliqua point et les pas s'en retournèrent encore une fois. Mais au bout d'un instant voilà le monsieur qui revient flanqué d'un renfort féminin qui ne fait pas trop de bruit. La Sœur, étant descendue de son éminence, se trouve en face d'une dame qu'elle reconnaît parfaitement pour l'adjointe d'une école communale voisine. Cette dame la salue, elle lui rend son salut; mais pas une parole n'est prononcée. Pauvres gens! évidemment ils ne se sentaient pas bien forts et n'osaient s'annoncer pour ce qu'ils étaient. Pendant qu'ils errent ainsi à l'aventure, la Sœur, sans quitter son poste, envoie prévenir la Sœur servante de ce qui se passe, et, réflexion faite, elle abandonne ses armoires et s'en va dans la cour, où elle s'aperçoit que trois ou quatre personnes se sont jointes aux deux premières. Au même instant une petite fille arrive avec son carton sous le bras : Ma Sœur, on m'a dit que vous recommenciez l'école aujourd'hui, est-ce que c'est vrai ? — Non, mon enfant, nous ne recommençons pas l'école, on vous a trompée. — Alors la dame en question se détache du groupe et s'avançant avec un certain embarras : — Ma Sœur, dit-elle, je vous demande pardon, mais autant vaut que je vous le dise tout de suite, — *nous sommes envoyées pour vous remplacer.* — Très-bien, madame, je ne vous demanderai pas par quel droit, je sais que ceux qui vous envoient n'en ont aucun... Mais faites ce qu'il vous plaira. — Ma Sœur, croyez que je regrette beaucoup... Ce matin, j'ai reçu un ordre péremptoire de me rendre ici sans savoir ce que j'ai à y faire. Madame, que vous voyez là, est envoyée pour l'asile ; nous vous saurions gré de nous mettre un peu au courant... — Madame, je vais d'abord prévenir ma Sœur Supérieure de votre arrivée, je vous rejoindrai dans un instant. — La Sœur s'en va donc rejoindre sa pauvre Supérieure qu'elle trouve en train de descendre malgré l'infirmité qui la retenait alors, bien plus qu'à présent, dans une immobilité forcée. Elle veut aller elle-même parler à ces gens-là qui viennent lui ravir ses œuvres et lui arracher ses petits enfants ! Mais ses compagnes l'entourent et lui répètent à l'envi que, dans l'état où elle est, elle ne doit pas se déranger, que c'est leur faire trop d'honneur, et que la moindre d'entre elles est encore trop bonne pour leur répondre. Enfin elle cède, et la Sœur qui avait eu la bonne aubaine du commencement continue son ouvrage, elle rend compte de la demande de ces Dames : Qu'on les mette au courant. — Allez, dit la bonne Sœur servante, avec ma Sœur Eugénie (une Sœur de l'asile) et prêtez-vous complaisamment à tout ce qu'elles vous demanderont de raisonnable ; de cette façon nous boirons le calice jusqu'à la lie et le bon Dieu nous en tiendra compte. — Ce qui fut dit fut fait, et, le lendemain, ces Dames, bien installées par les Sœurs même et par *les Sœurs seulement,* commençaient la classe... Une cloison s'élevait tristement entre l'école et la maison des Sœurs. L'œuvre était consommée !..

Cette journée était une journée de deuil et de larmes, mais de larmes silencieuses et bien cachées ! Ne fallait-il pas affronter le formidable public du fourneau? Cependant les enfants n'arrivaient qu'en très-petit nombre. L'inspecteur de l'architecte de la ville s'étant rendu, sur la demande de la Sœur servante pour faire l'inventaire et constater l'état du mobilier, pria la Sœur de la grande classe de l'accompagner. Elle trouve les enfants réunies dans deux classes, entièrement seules et faisant un bruit épouvantable. A son approche on se tait : — Voilà ma Sœur ! voilà ma Sœur ! — Dans sa propre classe, qui était l'une des deux occupées, elle ne rencontre qu'une seule de ses enfants qui lui dit d'un ton suppliant : — Ma Sœur, restez, s'il vous plaît ; faites-nous la classe, nous ne voulons pas de la Dame! — Pas de réponse, bien entendu ; on passe là comme dans les sept classes vides qu'on vient de traverser. Après avoir terminé son inventaire, l'Inspecteur dit à la Sœur : — Ma Sœur, je dois vous prévenir que M. Mottu est animé de très-mauvaises intentions pour tout ce qui regarde la religion ; je vous conseille de faire enlever les Christs et les Vierges qui n'appartiennent pas à la ville, et de mon côté je donnerai ordre d'enlever tous ceux qui resteront. — Le soir même, les Sœurs suivirent ce conseil ; la Directrice de l'école s'y prêta facilement ; mais soit que pour le reste, les ordres n'aient pas été immédiatement suivis, soit qu'on en ait oublié par mégarde, quelques jours après les pauvres enfants venaient raconter à leurs anciennes maîtresses les profanations dont elles avaient été témoins. — Oh! ma Sœur, si vous saviez! on est venu briser les Christs, on en a scié un en petits morceaux ; il n'y avait plus qu'un Saint Joseph, nous l'aimions tant ! eh bien ! un garde national s'est avancé pour le briser aussi à coups de crosse de fusil ! Alors nous avons tous crié : Oh ! oh ! oh ! et Granglot lui a dit : — Monsieur, ne le cassez pas, je vous en prie ; donnez-le-moi plutôt puisqu'il vous gêne, je l'emporterai chez nous. — Mais ça l'a mis en colère, il nous a dit : — Vous n'êtes que des petites sottes. Qu'est-ce que vous voulez faire de ces bons hommes et de ces bonnes femmes ? ça n'est bon qu'à être marié ensemble ; d'ailleurs on nous a envoyés pour les briser, et si nous n'avions pas de mandat, nous les briserions de notre propre mouvement ; ça n'est que des superstitions. — Alors il l'a fait voler en éclats, mais nous en avons ramassé les morceaux et nous les conserverons toujours.

Cependant l'école ne s'emplissait pas : du reste il n'y avait pas de maîtresses ; c'étaient les grandes élèves qui faisaient la classe aux petites ; tout cela languissait, et, comme la même chose se passait dans les autres écoles, M. Mottu n'était qu'à demi satisfait. Comme c'était un homme à expédients, il ne fut pas embarrassé. C'était pendant les horreurs du siége, il imagina de nourrir les enfants, et ce moyen réussit à merveille. — Donnez-leur à manger, disait-il, donnez-leur à manger, la soupe vaut mieux que la messe. — On leur donna donc à manger, et bientôt les écoles furent remplies ; la nourriture temporelle remplaça la nourriture spirituelle. Défense expresse de conduire les enfants à l'église sous quelque prétexte que ce soit, défense de s'occuper de catéchisme ou d'histoire sainte, de les préparer à la première communion, de prononcer devant elles le saint nom de Dieu, etc., etc.

Les pauvres Sœurs, renfermées de l'autre côté de la maison, contemplaient en gémissant ce triste spectacle. Mais l'ouvrage ne leur manquait pas, le fourneau devenait si considérable qu'on n'avait plus le temps de respirer : on y distribuait jusqu'à six mille portions par jour et on n'arrivait pas à contenter tout le monde. Il faisait un froid excessif, et cependant la foule commençait à la porte à deux heures du matin, minuit et même dix heures du soir ; toute la nuit on l'entendait frissonnante, je ne dirai pas menaçante, car ces gens-là n'ont rien dit de désagréable ; mais que de fois cependant on les a vus s'installer dans la salle d'attente lorsque la distribution était finie, déclarant qu'ils ne s'en iraient pas sans avoir reçu quelque chose, et il n'y avait plus rien !... C'étaient de tristes moments à passer... On ne pouvait se défendre d'un certain effroi... D'un autre côté, les malades étaient si nombreux que la pharmacie, devenue presque inaccessible, ne désemplissait pas ; les Sœurs ne pouvaient suffire aux ordonnances et aux visites à domicile ; il fallait se multiplier, d'autant mieux qu'une semaine ne se passait jamais sans qu'on appelât quelque Sœur pour les ambulances où plusieurs ont été employées tout l'hiver.

Cependant le temps marchait, la capitulation était faite, on espérait un peu de répit ; mais, hélas ! l'ère de la Commune s'avançait avec son cortége d'horreurs. Le 18 mars, veille de Saint-Joseph, on eut ce beau bouquet. Sur le moment, cela ne fit pas grand effet dans le quartier ; bientôt même on défit les barricades qui n'avaient point servi, et les choses continuèrent de se passer comme de coutume, à part cependant les nombreuses alertes qui venaient jeter l'effroi dans les cœurs. Que de fois nous fûmes réveillées en sursaut par le tocsin, le rappel, des coups de fusil et de canon qu'on tirait dans les portes de l'Église ! Le maire du onzième arrondissement était remplacé par un plus mauvais encore s'il est possible : Delescluze ; cependant il ne donna pas signe de vie aux Sœurs pendant quelque temps, mais, dans l'école, le drapeau rouge trônait. La semaine sainte étant arrivée sur ces entrefaites, tout congé fut refusé aux enfants. Les Sœurs se rendant à l'Église le jour du vendredi saint rencontrèrent une bande des plus grandes, qui coururent après elles comme de petites révoltées : — Ma Sœur, croiriez-vous ? nous nous sauvons de l'école, on voulait nous forcer à manger de la viande; toutes celles qui y sont en mangent; mais nous, nous aimons mieux ne pas dîner ; on fera tout ce qu'on voudra, nous allons à la Passion. —Pauvres enfants! on les félicite à huis clos, en priant le bon Dieu de ne pas faire tomber son tonnerre sur cette pauvre maison, où de pareilles œuvres d'iniquité s'accomplissaient. Les fêtes de Pâques se passèrent ainsi, bien tristement; on n'entendait parler que d'arrestations, de perquisitions, de tracasseries de toute espèce pour les couvents, etc. M. le curé de Sainte-Marguerite, qui avait fait tant de démarches infructueuses pour faire rouvrir ses écoles congréganistes, venait de céder aux instances de ses vicaires, et était parti le jour même du vendredi saint, sur l'avis qu'on lui avait donné de son arrestation prochaine; cependant l'église était restée ouverte, et les offices s'y continuèrent tout à fait jusqu'à la fin. Les Sœurs continuaient aussi leur service et allaient voir leurs malades dans tout le quartier, qui est vaste, sans recevoir aucune injure et sans le moindre inconvénient.

Tout cela dura jusqu'au 18 avril, jour où, à Sainte-Marguerite, Sœurs et enfants accompagnaient à sa dernière demeure une jeune orpheline de 18 ans, qui venait de succomber à une maladie longue et cruelle. Au retour, il était presque nuit; aussitôt après le quart d'heure, on se rendit à la Chapelle, excepté la Sœur infirmière (la même précisément qui avait eu la chance de recevoir les maîtresses d'école), que son office obligeait à faire la prière à l'infirmerie. A peine l'avait-elle terminée, qu'un coup de cloche se fait entendre; on n'en entendait jamais à cette heure-là sans éprouver une certaine émotion ; on pensait à une perquisition contre laquelle toutes sortes de précautions avaient été prises ; mais à une expulsion, jamais! rien n'avait pu le faire prévoir. Avant de descendre, la Sœur en question regarde à travers les persiennes, et aperçoit la foule qui commence et qui se grossit de chaque personne qui passe. — Voilà le moment, dit-elle à la Sœur servante, il n'y a pas à en douter. — Elle sort et rencontre deux autres Sœurs qui étaient sorties de la Chapelle dans la même pensée ; elles descendent ensemble, en priant le bon Dieu de les aider. Enfin la porte s'ouvre ; on n'aperçoit d'abord que cinq ou six gardes nationaux ; un lieutenant est à leur tête : — Madame la Supérieure? dit-il. — Monsieur, répond l'infirmière, ma Sœur Supérieure est malade, elle est couchée. — La Sœur qui la remplace alors? — C'est nous qui la remplaçons, que lui voulez-vous ? — Je suis porteur d'un ordre de la Commune dont je vais vous donner connaissance.

Il sort un papier et se met à lire : — *En vertu du décret de la Commune, ordre est donné aux Sœurs de la doctrine chrétienne...*—Mais ceci n'est pas pour nous, nous ne sommes pas des Sœurs de la doctrine chrétienne; cela ne nous regarde pas, portez-le à son adresse. — Est-ce qu'il y a d'autres Sœurs dans la rue Saint-Bernard? — Non, mais je vous répète que nous ne sommes pas des Sœurs de la doctrine chrétienne, et nous n'obéissons pas à un ordre qui leur est donné. — J'entends, dit un garde national venant au secours de son lieutenant, vous êtes des Sœurs de Charité, mais nous sommes tous chrétiens et vous l'êtes comme nous, ma Sœur. — Oui, et même un peu plus, j'espère; mais ce n'est pas là qu'est la difficulté. — Ma Sœur, reprend le lieutenant, il est possible qu'on se soit trompé de nom, mais c'est bien à vous qu'on nous a dit de porter cet ordre; permettez-moi d'en continuer la lecture :

Ordre est donné aux Sœurs de la doctrine chrétienne d'évacuer la maison qu'elles occupent rue Saint-Bernard, dans le délai de vingt-quatre heures. Et en post-scriptum : *Les droits à faire valoir seront examinés par la suite. Ordre de ne rien emporter et de rapporter tout ce qui a été enlevé, sous peine d'arrestation immédiate.* — Très-bien, monsieur, dit encore l'infirmière ; mais qui a signé cet ordre? — Ah ! ma Sœur, je ne sais pas, la signature n'est pas très-lisible, mais voici le cachet de la Commune. — Elle prend le papier en tremblant un peu, sans vouloir en avoir l'air ; pendant ce temps, des deux autres Sœurs, l'une tenait la bougie, l'autre maintenait sa clef dans la serrure, résistant aux personnes du dehors qui cherchaient à entrer, et laissant ainsi à la porte, sans s'en douter, bon nombre de gardes nationaux. Le lieutenant se retourne : — Ma Sœur, dit-il, laissez la porte ; il faut que mes hommes entrent. — Ah ! je ne savais pas qu'il y en avait d'autres ; mais je vous prie d'empêcher la foule de pénétrer, elle n'a rien à faire ici. — Soyez tranquille, dit le lieutenant. — En même temps, des gardes nationaux se font passage ; ils étaient tous armés. Bientôt les Sœurs se trouvent entourées d'une quarantaine de ces bons citoyens. — Monsieur, dit l'infirmière, je vois en effet le cachet de la Commune ; mais je m'étonne que celui qui a donné cet ordre n'ait pas eu le courage de le signer d'une manière plus lisible, et je ne sais si nous devons y obéir. Les Sœurs occupent cette maison depuis plus de deux cents ans, ainsi qu'il leur est facile de le prouver, elles y ont été légalement établies, et vous avouerez qu'il est au moins étrange de le quitter d'une façon aussi illégale. — Ma Sœur, vos droits seront examinés plus tard ; pour le moment il n'y a pas de résistance possible, veuillez m'indiquer un local dont je puisse disposer pour mes hommes. — Nous n'avons pas d'autre local à vous donner que celui-ci. — On s'en contentera ; montrez-moi aussi les issues de la maison, afin que je puisse les faire garder, car vous saurez que vous ne devez pas chercher à sortir ni à faire pénétrer qui que ce soit pendant la nuit. — Il n'y a que deux issues, toutes deux sur la rue Saint-Bernard. — Oui, dit un garde national, mais vous ne parlez pas de l'entrée de l'école et de l'asile. — Puisque vous êtes si bien informé, vous devez savoir que cela ne nous regarde plus, et que nous en sommes séparées par une cloison ; mais, s'il vous plaît d'y monter la garde, vous pouvez vous donner cette satisfaction, peu nous importe. — Là-dessus les hommes s'installent, les pauvres Sœurs rejoignent leur Supérieure et lui annoncent le plus doucement possible qu'il ne s'agit de rien moins que d'abandonner la maison le lendemain ; elle se lève bien vite, descend à son cabinet et fait demander le chef du poste ; le lieutenant était sorti, ce fut un sergent qui monta. Cet homme fut convenable, mais, tout en paraissant accorder ce qu'on lui demandait, il le refusa : c'était de faire sortir une orpheline que son père avait réclamée ; on voulait lui donner un message verbal pour certaines personnes de qui l'on attendait quelque secours ; cette enfant devait aller avertir une femme de service qui l'aurait accompagnée ; il fallut y renoncer. Le sergent descendit, en laissant aux Sœurs la faculté de s'enfermer chez elles. Quelle nuit elles passèrent !

Déjà certains préparatifs avaient été faits : les vases sacrés, les livres de communauté étaient en sûreté, ainsi qu'une grande partie du linge appartenant aux Sœurs. Il n'y avait point d'argent dans la maison ; cependant, avant de l'abandonner, il y avait encore à voir une infinité de choses ; on examina tout ce qui pourrait être compromettant vis-à-vis de la canaille régnante, puis on brûla, on anéantit tout le reste sans rémission, et chacune fit son petit paquet sans savoir s'il y aurait possibilité de l'emporter. Enfin, à 4 heures et demie, on se réunit pour la prière du matin ; lorsqu'elle fut terminée, il restait à faire une cérémonie bien touchante. Déjà à plusieurs reprises on s'était, par prudence, privé de la sainte réserve, mais ce sacrifice avait paru trop pénible, on y avait renoncé, et, précisément dans ce moment-là, on la possédait cachée dans un corporal. La laisser entre

les mains de ces brigands était chose impossible; aucun
prêtre ne pouvait pénétrer. La Sœur servante annonça à ses
compagnes qu'elle allait leur donner la sainte Communion.
La voilà donc qui monte les degrés de l'autel, malgré sa
pauvre jambe malade, et, plaçant sur l'autel le corporal, elle
prend la patène avec laquelle elle saisit chaque Hostie sans
y toucher le moins du monde, et communie toutes ses
compagnes, qui reçoivent ainsi le pain des forts au moment
où elles en ont tant besoin ; ensuite elle se communie elle-
même et referme le tabernacle vide ! Après l'action de
grâce, on se rend au réfectoire comme à l'ordinaire ; la
Sœur servante reste à la chambre de communauté, où
bientôt elle fait prier le lieutenant de venir la trouver. Il
est sorti, mais on l'avertira à son retour. Vers 6 heures et
demie, un coup de cloche se fait entendre : c'est lui. On le
fait monter. Cet homme entre le képi à la main et salue
d'une façon très-respectueuse. Voyant que la Supérieure
cherche à descendre de la chaise longue sur laquelle la re-
tient son infirmité, il la supplie de n'en rien faire, mais elle
ne l'écoute pas et l'invite à s'asseoir; il reste debout. —
Monsieur, dit-elle, je vous ai fait demander pour vous prier
de laisser porter à la poste deux lettres que je viens d'écrire
à deux fabricants, pour les avertir de venir retirer des lits
qu'il nous ont prêtés pour établir une ambulance : vous les
reconnaîtrez facilement ; nous avons pour principe de res-
pecter le bien d'autrui, et je ne voudrais pas qu'on dispo-
sât de ces objets comme de ce qui est à nous. — Ma Sœur,
je vous comprends, la Commune se chargera de cela. —
Ensuite, monsieur, je voudrais savoir quelles sont vos intentions par rapport à notre départ et à notre bagage?—Vous
devez partir le plus tôt possible. Quant au bagage, vous
avez lu l'ordre, il vous défend de rien emporter. — Cependant, quand un soldat part, il a au moins son sac sur le
dos, avec un vêtement de rechange : ne nous laissera-t-on

pas le même droit?—Va pour le sac du soldat, mais qu'on les fasse extrêmement petits, car j'outre-passe mes ordres; il faut qu'il n'y ait ni malles ni gros paquets, sans quoi je me compromettrais moi-même. — Soyez tranquille, ils seront petits, mais on nous permettra aussi d'emporter ceci (montrant sa cornette et son collet); qu'est-ce que la Commune en ferait? elle en serait bien embarrassée. — Allons, emportez cela aussi; mais, à ce propos, vous n'ignorez pas que je dois vous faire changer de costume: vous devez toutes partir d'ici en habits séculiers, avec ce que vous aurez sur le dos: telle est la consigne. — Changer de costume! oh! n'y comptez pas: nous partirons d'ici comme nous sommes, ou nous ne partirons pas du tout. — Mais, ma Sœur, si je vous dis cela, c'est dans votre intérêt; si vous partez avec l'habit religieux, vous risquez d'ameuter le peuple et d'être maltraitées. — Détrompez-vous, monsieur; le peuple connaît notre habit, il ne nous attirera pas d'insultes; hier encore nous sommes sorties, nous l'avons montré à tout le monde, et personne ne nous a rien dit; d'ailleurs, je ne vous le cache pas, quand même il deviendrait pour nous une occasion d'outrages, nous les souffririons volontiers pour l'amour de lui, et nous le garderions encore. — Eh bien! ma Sœur, vous avez raison, votre costume est un costume *respectable et respecté*, gardez-le donc; mais partez vite, car ceux qui me succéderont ici ne seront peut-être pas si complaisants. — Merci, monsieur, nous allons partir. La permission des petits paquets s'étend aussi à nos petites orphelines, n'est-ce pas? Pauvres enfants! on ne peut les renvoyer sans qu'elles aient au moins de quoi se changer. — Les enfants! mais elles ne partent pas: la Commune s'en charge et les fera élever convenablement. — Oh! à ces mots, la pauvre mère change de visage, sa dignité qui s'est si bien soutenue jusqu'à présent se change en supplications: — Laisser les enfants, monsieur! mais vous comprenez bien que c'est impossible : les parents me les ont confiées, il faut que je les leur rende. — Mais ces enfants n'ont point de parents, vous m'avez dit que ce sont de petites orphelines, et je vous répète que la Commune en prendra soin. — Ce n'est pas à la Commune qu'on les a confiées, c'est à moi ! Si toutes n'ont pas de parents, au moins il y a des personnes qui s'y intéressent et qui me les ont amenées ; c'est à elles que je dois les rendre, et je vous assure que je ne sortirai d'ici que lorsque la dernière en sera partie. — Mais qu'en ferez-vous ? Il y en a certainement qui n'ont pas d'asile. — Je les emmènerai avec moi à la Maison-Mère, je n'en suis pas embarrassée. — Votre Maison-Mère ? n'y comptez pas, elle est sans doute à l'heure qu'il est dans la même position que celle-ci ; au moins cela lui arrivera sans tarder ; renoncez-y et laissez les enfants, j'ai ordre de les retenir. — Oh ! monsieur, auparavant, que je vous fasse une question : êtes-vous père ? — Oui, ma Sœur, répond cet homme qui s'émeut ; j'ai soixante-treize ans, je suis deux fois grand-père. — Eh bien ! au nom de vos enfants, laissez-moi emmener les miens.

— Faites donc ce qu'il vous plaira, répond le lieutenant attendri ; je feindrai d'avoir mal compris, et, après tout, la maison n'en sera que mieux évacuée ; mais encore une fois dépêchez-vous. — Oui, monsieur, je vous remercie ; nous allons nous dépêcher. — Alors notre lieutenant, qui s'était toujours tenu debout et découvert, salue et se retire. La Sœur qui avait assisté à cet entretien l'accompagne jusqu'à la porte, puis toutes les Sœurs montent à la chambre pour recevoir les dernières instructions de leur Supérieure, qui leur répète en substance la conversation qui vient d'avoir lieu, et leur donne des ordres en conséquence. Ce fut un triste moment ! On avait été si heureuses ensemble dans cette pauvre maison, on y avait combattu jusqu'à la fin, il était dur de se séparer sans savoir si l'on se retrouverait jamais ; mais ce n'était pas le cas de s'attendrir, on s'encouragea au contraire, et, comme on n'était pas sûres de pouvoir se rendre à la Communauté, d'après ce qu'avait dit le lieutenant, on prit dans cette triste conjoncture un autre rendez-vous.

Après cela la Sœur servante descendit pour presser les départs ; comme elle était au bas de l'escalier, un garde national s'approcha d'elle et lui dit : — Ma Sœur, vous êtes, n'est-ce pas? dans l'habitude de faire une distribution le matin ? — Certainement, monsieur. — Est-ce que cette distribution a été préparée ? — Sans doute ; nos Sœurs s'en sont occupées comme à l'ordinaire : nous n'avons voulu priver personne de déjeûner aujourd'hui. — Eh bien, ma Sœur, ne pourriez-vous pas vous charger, avant de partir, de faire faire cette distribution ? — Volontiers, monsieur, si on nous en laisse le temps ; nous serons heureuses de servir les pauvres jusqu'au bout.

Aussitôt dit, aussitôt fait. Cette distribution, ordinairement si longue, était une fameuse épine ; mais la bonne Supérieure pensait que Notre-Seigneur ne permettrait pas qu'il lui arrivât malheur pour avoir voulu faire encore un acte de charité. Pendant ce temps, la foule continuait devant la porte ; on entendait certaines voix dire aux gardes nationaux : — Vous renvoyez donc les Sœurs? pourquoi s'en vont-elles? — Nous ne les renvoyons pas, ce sont elles qui veulent partir, elles s'en vont à Versailles rejoindre leur ami M. Thiers ! — Et autres discours aussi véridiques que celui-là. Sur ces entrefaites arrive le boulanger qui apporte le pain pour la journée. Ce digne homme, qui ordinairement ne faisait pas ce service lui-même, veut pénétrer jusqu'à la Supérieure : — Ma Sœur, lui dit-il, j'ai pris le prétexte d'apporter le pain, mais en réalité je viens pour voir ce qu'on vous fait ; depuis hier soir que vous avez ces gens chez vous, j'étais trop inquiet. — Il fut facile de lui expliquer ce qu'on nous faisait : — O mon Dieu ! est-ce possible ! les brigands !

— Monsieur Machin, je ne pourrai pas vous solder le pain

que je vous dois pour le commencement du mois, lui dit la Supérieure; je n'ai pas d'argent dans ce moment-ci, mais je vous le ferai passer sans tarder.— Oh! ma Sœur, pouvez-vous croire que je pense à une chose semblable? Vraiment vous me faites de la peine! — Et il s'éloigne, car il ne veut pas qu'on voie qu'il a des larmes dans les yeux. Quelques instants après il revient, cette fois sous le prétexte de reprendre son pain; il monte tout droit vers la Sœur servante, il a l'air tout embarrassé. — Ma Sœur, dit-il enfin, j'ai oublié de vous dire quelque chose; puisque vous m'avez dit que vous n'aviez pas d'argent, vous allez vous trouver dans l'embarras; moi j'en ai, je viens vous supplier d'user de ma bourse comme si c'était la vôtre. — A ces mots, il tend sa grosse main qu'on ne peut s'empêcher de prendre, et l'émotion n'est pas toute de son côté... Il est si bon de rencontrer de vrais amis dans de pareils moments!.. Cependant la Supérieure le remercie, disant qu'elle se rend auprès de ses supérieures et que là elle trouvera ce qu'il lui faut, mais qu'elle n'oubliera jamais ce procédé et qu'elle le comptera toujours au nombre de ses meilleurs amis. Pendant ce temps la distribution s'avançait, la pauvre Sœur servante revient dans la cour qu'elle ne quitte plus. Les gardes nationaux, pleins de courtoisie, s'offrent pour aller chercher des voitures; on accepte, bientôt ils en amènent plusieurs. Ils ont entendu dire qu'il y a une Sœur malade (en effet la pauvre Sœur n'a pas quitté son lit depuis 17 mois!); ils s'en préoccupent et disent : — Où est donc la malade? voici une bonne voiture. — On leur répond de ne pas s'en inquiéter, qu'on en aura soin. Sur ces entrefaites le médecin arrive; il a voulu dire adieu aux Sœurs, leur serrer la main : nouvelles poignées de main inévitables! Heureusement ce jour-là n'arrivera sans doute qu'une fois dans la vie...

Pour laisser entrer les voitures on a dû ouvrir la porte cochère; la foule commence à pénétrer, mais c'est la foule sympathique, la foule aimée!.. l'autre reste dans la rue. Ce sont des enfants de Marie et du patronage, plusieurs sont suivies de leurs parents, elles viennent pour assister en sanglotant à l'expulsion de leurs maîtresses ; les gardes nationaux les laissent faire, ils chargent avec ardeur les petits paquets permis ; déjà plusieurs voitures sont parties emmenant des enfants que les Sœurs sont chargées de conduire à leur destination avant de se rendre à la Communauté. Le plus cruel embarras reste pour la fin : il y a vingt-quatre enfants qui n'ont pas d'asile... on va les emmener à la Communauté pour délibérer à l'aise ; mais les enfants de Marie ont bientôt découvert cela ; les voilà qui se les disputent, qui se les arrachent presque... En un clin d'œil, tout le monde est placé et bien placé, mieux que d'autres qu'on rend à regret à d'indignes parents... Ce moment fut une douceur ; on ne sentait presque plus son chagrin : les pauvres enfants peuvent bien dire qu'elles furent le consolateur suprême au dernier moment ! Les gardes nationaux regardaient ce spectacle ainsi que les torrents de larmes que répandaient les petites orphelines en montant dans ces tristes voitures, et plusieurs paraissaient attendris. L'un d'eux, qui se trouvait à côté de la Supérieure, lui dit :— Ma Sœur, on nous fait faire là une triste besogne, nous nous en serions bien passés ; hier, en nous en allant, on ne nous a pas dit où on nous conduisait ; ce n'est vraiment pas agréable. — Enfin voilà que tout le monde est embarqué, la Sœur servante monte avec son infirmière dans la dernière voiture. Avant de partir, elle a fait le compte du fourneau et demandé un reçu au lieutenant, qui le lui a donné. C'en est fait ! la maison du bon Dieu va être livrée au démon, on la laisse entre les mains de ses adeptes. Il était temps : au détour de la rue, une autre espèce de lieutenant vient saisir le cheval par la bride. — Où allez-vous? dit-il. — A la rue du Bac. — Vos paquets ont été examinés? — Oui, Monsieur. — C'est bon, on verra. — Il lâche la bride, le cocher en profite pour donner un bon coup de fouet et bientôt le faubourg Saint-Antoine disparaît.

On se rejoignit à la Maison-Mère, et, en descendant les paquets, les cochers disaient : — Soyez tranquilles, mes Sœurs, nous vous ramènerons bientôt chez vous ; tout cela ne durera pas, c'est impossible ; ces coquins seront payés comme ils le méritent. — Braves gens, que le bon Dieu vous entende !

Ce qui se passa ensuite, tout le monde le sait ; les Sœurs furent disséminées en province, et le samedi de la Pentecôte, lorsqu'après la bourrasque, on voulut savoir si la maison existait encore, il ne restait à la Communauté que la Sœur servante, la malade, une bonne Sœur ancienne de 81 ans et l'infirmière qui fut envoyée à la découverte. Hélas ! Paris était encore en feu, les barricades n'étaient pas encore défaites, les morts qu'on venait de relever avaient laissé des traces sanglantes, et, pour ne pas les voir, il ne fallait pas regarder dans les recoins... Ce ne fut qu'à travers bien des difficultés que la Sœur parvint à la maison. Debout et abandonnée, elle était dans un état indescriptible, pleine de débris, de sacs, de képis, de cartouches, de vêtements ensanglantés ; plusieurs obus y étaient tombés, la façade était criblée de balles ; il y avait de la charpie et du sang partout ; des lits et du linge, nulle part ; pourtant on avait fabriqué dans l'asile une espèce d'ambulance, vide maintenant, où l'on avait réuni toute espèce d'objets de literie disparates, un sommier d'un côté, un vieux matelas de l'autre, tout cela dans le plus pitoyable état. Enfin le plus triste de tout était de voir épars dans toute la maison des débris de Christs, de Vierges, de statues de piété ; mais en revanche Voltaire trônait dans le jardin... il fut vite mis en pièces ! Le lendemain la Sœur servante revenait avec son infirmière prendre possession de ce triste logis où, après quelques jours de solitude, elle fut bientôt rejointe peu à peu par toutes ses compagnes. Maintenant les œuvres sont reprises, les classes ont été rendues aux Sœurs qui ont eu la consolation de retrouver leurs enfants bien disposées et heureuses de reprendre l'ancien joug. Les plus grandes, rentrant dans leurs classes d'où le drapeau rouge venait d'être arraché, envoyaient des baisers à la Sainte-Vierge. Leur maîtresse leur ayant demandé comment il se faisait qu'on avait laissé subsister sur le mur la trace poussiéreuse et visible du Christ qui avait été enlevé, elles répondaient : — Oh ! ma Sœur, nous nous serions bien gardées de l'effacer, c'était un souvenir ! Si nous n'avions plus notre bon Dieu, au moins nous avions sa trace !

Faut-il ajouter, pour terminer, que, quelques instants après le retour, on eut la visite du lieutenant qui avait présidé à l'expulsion ? Le pauvre homme ! à 73 ans il avait encore besoin de travailler et il venait demander un certificat pour attester à son ancien patron, qui, sans cela, ne voulait plus lui donner d'ouvrage, qu'il avait été convenable dans l'exécution de son triste mandat... C'était un acte de charité ! on ne crut pas devoir le lui refuser, mais ma Sœur supérieure le lui assaisonna d'une longue morale, lui reprochant de s'être enrôlé dans une semblable milice lorsque son âge l'en exemptait si largement, et lui faisant reconnaître la puissance de Dieu qui avait anéanti si vite l'ouvrage de ses ennemis. Enfin, on lui délivra le certificat qui, après plusieurs explications, finissait ainsi : — En un mot M. Bardoux n'a pas usé de violence et nous a chassées le plus poliment possible ; en foi de quoi, je lui ai délivré le présent certificat.

Telles sont les principales péripéties par lesquelles a passé la pauvre maison de Sainte-Marguerite. Que le bon Dieu l'ait désormais, elle et toutes les autres, en sa sainte garde !
Amen.

L. J. C.

Paris. — Typ. Ad. Lainé, rue des Saints-Pères,